Impressum
Verlag: BABADADA GmbH, Nedderfeld 112 , 22529 Hamburg
Geschäftsführer / Verlagsleitung: Harald Hof
Druck: Books on Demand GmbH, In de Tarpen 42, 22848 Norderstedt

Imprint
Publisher: BABADADA GmbH, Nedderfeld 112 , 22529 Hamburg, Germany
Managing Director / Publishing direction: Harald Hof
Print: Books on Demand GmbH, In de Tarpen 42, 22848 Norderstedt, Germany

escola

училище

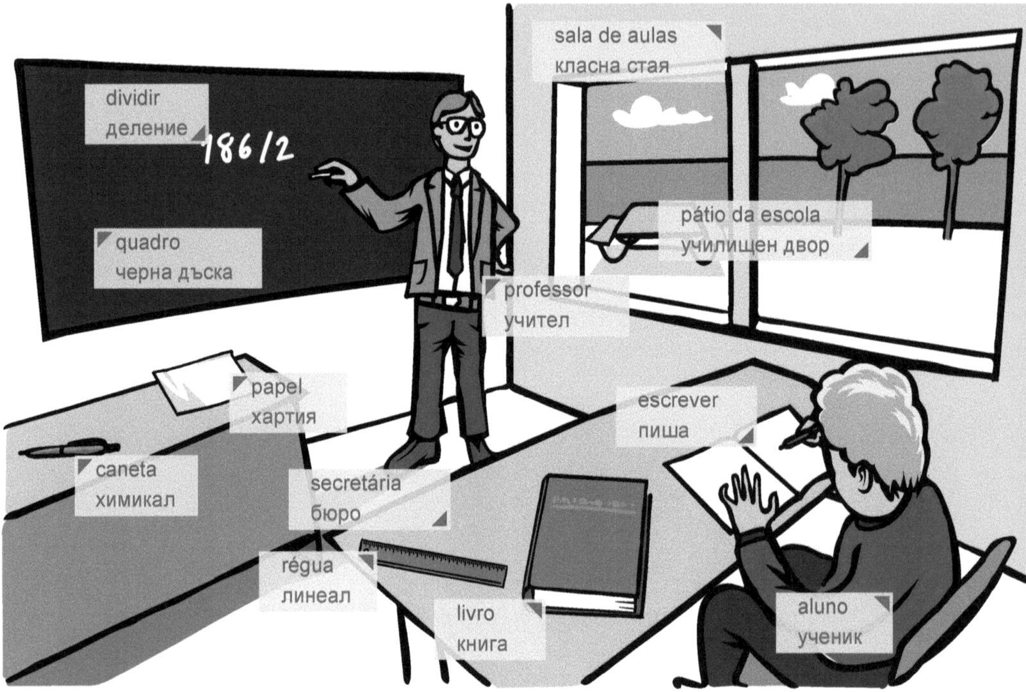

sala de aulas
класна стая
dividir
деление
186/2
quadro
черна дъска
pátio da escola
училищен двор
professor
учител
papel
хартия
escrever
пиша
caneta
химикал
secretária
бюро
régua
линеал
livro
книга
aluno
ученик

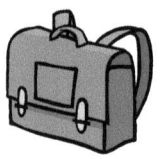

mochila

ученическа раница

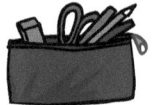

estojo de lápis

ученически несесер

lápis

молив

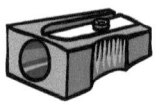

afia-lápis

острилка за моливи

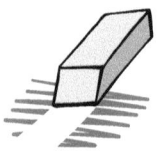

borracha

гума

bloco de desenho

блок за рисуване

desenho

рисунка

pincel

четка

caixa de tintas

акварелни бои

tesoura

ножица

cola

лепило

livro de exercícios

тетрадка за упражнения

trabalhos de casa

домашна работа

número

число

2+2

somar

събиране

subtrair

изваждане

multiplicar

умножение

calcular

смятане

letra

буква

alfabeto

азбука

palavra

дума

texto

текст

ler

чета

giz

тебешир

hora

час

registo de presenças

дневник на класа

exame

изпит

certificado

свидетелство

uniforme escolar

ученическа униформа

educação

образование

enciclopédia

справочник

universidade

университет

microscópio

микроскоп

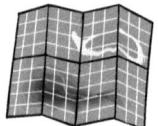

mapa

карта

cesto de lixo

кошче за хартиени
отпадъци

viagem
пътуване

Grand
hotel
хотел
hostel
хостел
ROOMS
casa de câmbio
обменно бюро
mala
куфар
carro
кола

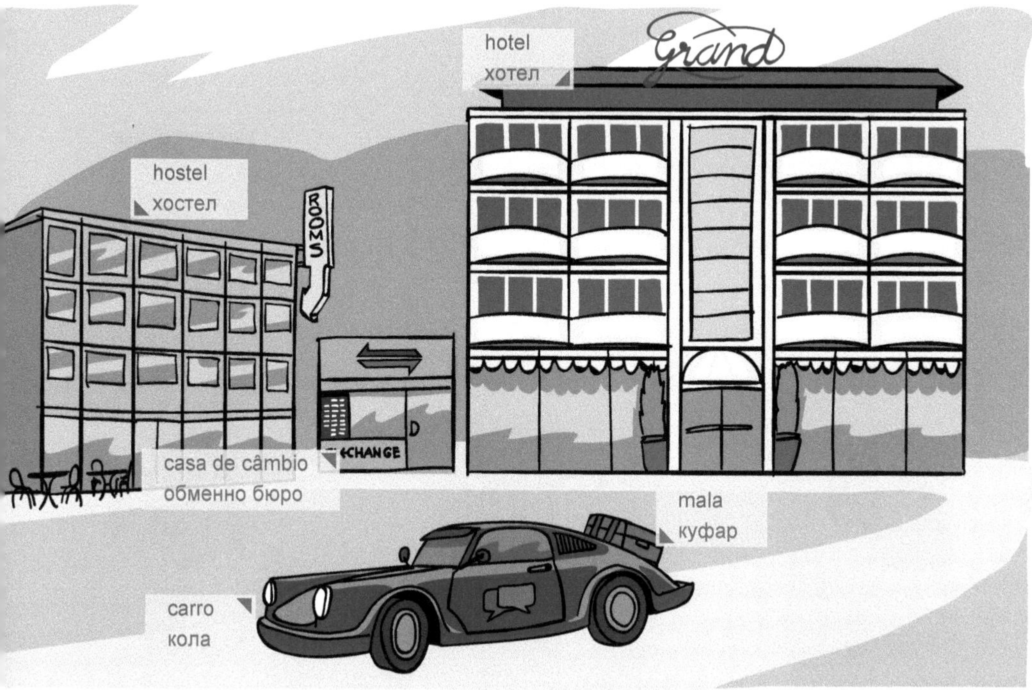

idioma

език

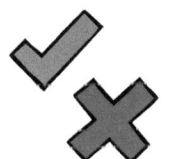

sim / não

да / не

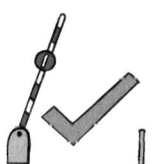

ok / certo / correto

Окей

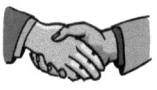

olá

здравей

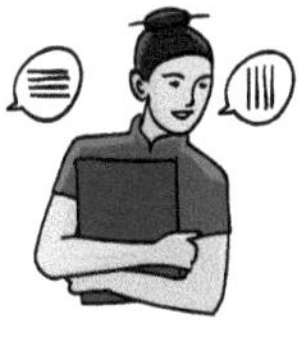

intérprete

преводач

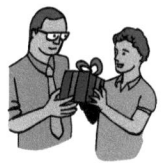

obrigado

Благодаря

quanto é que custa... ?

Колко струва...?

não entendo

Не разбирам

problema

проблем

boa noite!

Добър вечер!

Bom dia!

Добро утро!

Boa noite!

Лека нощ!

adeus

довиждане

direção

посока

bagagem

багаж

saco

пътна чанта

mochila

раница

convidado

посетител

quarto

стая

saco-cama

спален чувал

tenda

палатка

informação turística

туристическа информация

praia

плаж

cartão de crédito

кредитна карта

pequeno-almoço

закуска

almoço

обед

jantar

вечеря

bilhete

билет

elevador

асансьор

selo postal

пощенска марка

fronteira

граница

alfândega

митница

embaixada

посолство

visto

виза

passaporte

паспорт

transporte

транспорт

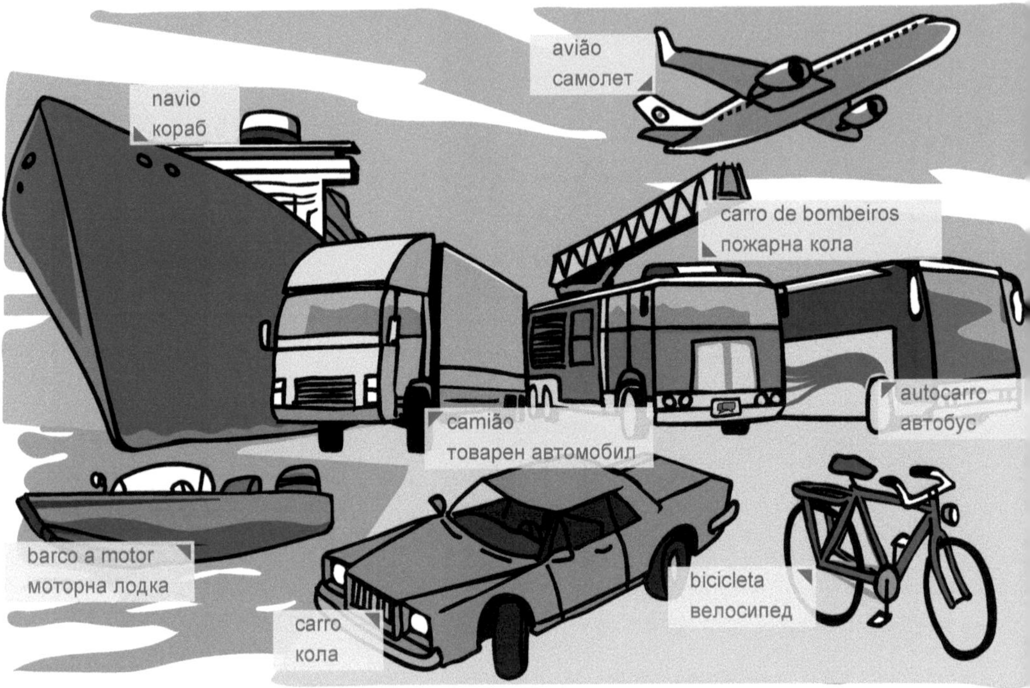

avião
самолет
navio
кораб
carro de bombeiros
пожарна кола
autocarro
автобус
camião
товарен автомобил
barco a motor
моторна лодка
bicicleta
велосипед
carro
кола

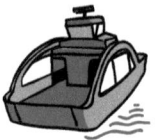

cacilheiro

ферибот

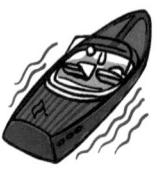

barco

лодка

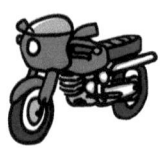

mota

мотоциклет

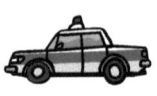

carro de polícia

полицейска кола

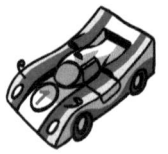

carro de corrida

състезателна кола

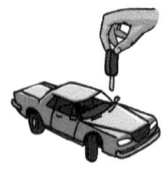

carro alugado

кола под наем

carsharing

каршеринг

camião de reboque

автомобил от "Пътна помощ"

camião do lixo

сметовоз

motor

двигател

combustível

бензин

estação de serviço

бензиностанция

sinal de trânsito

пътен знак

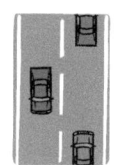

trânsito

улично движение

congestionamento de trânsito

задръстване

parque de estacionamento

паркинг

estação ferroviária

гара

carris

релси

comboio

влак

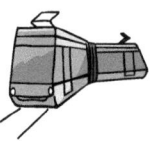

elétrico

трамвай

carruagem

вагон

helicóptero

хеликоптер

aeroporto

аерогара

torre

кула

passageiro

пасажер

contentor

контейнер

caixa de papelão

кашон

carrinho

ръчна количка

cesto

кошница

levantar voo / aterrar

излитам / приземявам се

cidade

град

aldeia

село

centro da cidade

градски център

casa

къща

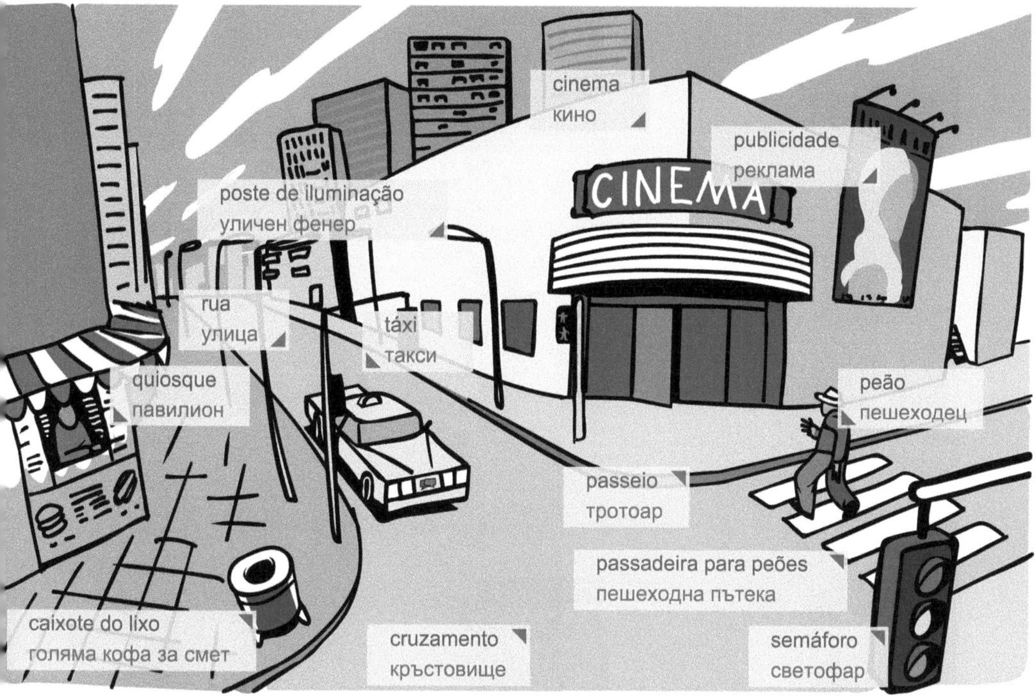

cinema
кино

publicidade
реклама

poste de iluminação
уличен фенер

CINEMA

rua
улица

táxi
такси

quiosque
павилион

peão
пешеходец

passeio
тротоар

passadeira para peões
пешеходна пътека

caixote do lixo
голяма кофа за смет

cruzamento
кръстовище

semáforo
светофар

cabana

хижа

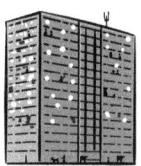

apartamento

жилище

estação ferroviária

гара

câmara municipal

кметство

museu

музей

escola

училище

universidade

университет

banco

банка

hospital

болница

hotel

хотел

farmácia

аптека

escritório

офис

livraria

книжарница

loja

магазин за цветя

florista

магазин за цветя

supermercado

супермаркет

mercado

пазар

loja de departamentos

универсален магазин

peixaria

търговец на риба

centro comercial

търговски център

porto

пристанище

parque

парк

banco

пейка

ponte

мост

escadas

стълба

metro

метро

túnel

тунел

paragem de autocarro

автобусна спирка

bar

бар

restaurante

ресторант

caixa de correio

пощенска кутия

sinal de trânsito

улична табелка

parquímetro

часовник за паркинг
престой

jardim zoológico

зоологическа градина

piscina

плувен басейн

mesquita

джамия

quinta
селски двор

poluição
замърсяване на околната среда

cemitério
гробище

igreja
църква

parque infantil
детска площадка

templo
храм

paisagem
пейзаж

folha
листо

placa de sinalização
пътепоказател

caminho
път

prado
ливада

pedra
камък

árvore
дърво

caminhantes
пътешественик

rio
река

relva
трева

flor
цвете

vale
....
долина

montanha
....
планина

lago
....
море

floresta
....
гора

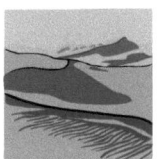

deserto
....
пустиня

vulcão
....
вулкан

castelo
....
замък

arco-íris
....
дъга

cogumelo
....
гъба

palma
....
палма

mosquito
....
комар

mosca
....
муха

formiga
....
мравка

abelha
....
пчела

aranha
....
паяк

besouro

бръмбар

sapo

жаба

esquilo

катеричка

ouriço

таралеж

lebre

заек

coruja

кукумявка

pássaro

птица

cisne

лебед

javali

диво прасе

veado

елен

alce

лос

barragem

бент

turbina eólica

вятърна турбина

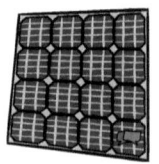

painel solar

соларен модул

clima

климат

restaurante
ресторант

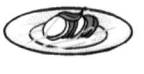

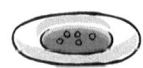

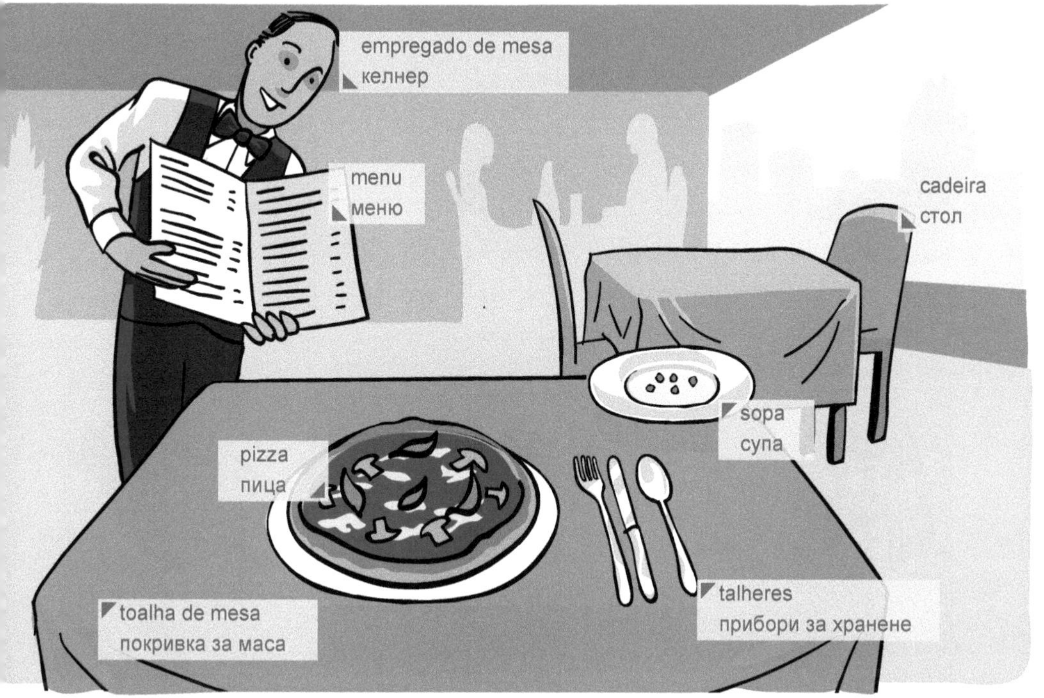

empregado de mesa
келнер
menu
меню
cadeira
стол
sopa
супа
pizza
пица
talheres
прибори за хранене
toalha de mesa
покривка за маса

entrada
....
предястие

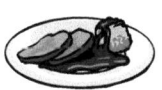

prato principal
....
основно ястие

sobremesa
....
десерт

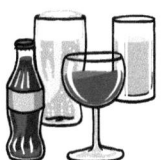

bebidas
....
напитки

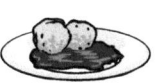

comida
....
ядене

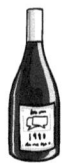

garrafa
....
бутилка

fast food

бързо хранене

comida de rua

улична храна

bule de chá

кана за чай

açucareiro

кутия за захар

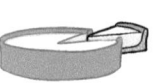

porção

порция

máquina de café expresso

еспресо машина

cadeira alta

висок детски стол

conta

сметка

bandeja

табла

faca

ножица за нокти

garfo

вилица

colher

лъжица

colher de chá

чаена лъжичка

guardanapo

салфетка

copo

стъклена чаша

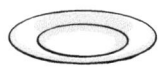

prato

чиния

prato de sopa

чиния за супа

pires

чинийка

molho

сос

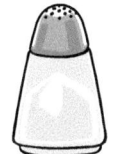

saleiro

солница

moinho de pimenta

мелничка за черен пипер

vinagre

оцет

óleo

олио

especiarias

подправки

ketchup

кетчуп

mostarda

горчица

maionese

майонеза

supermercado
супермаркет

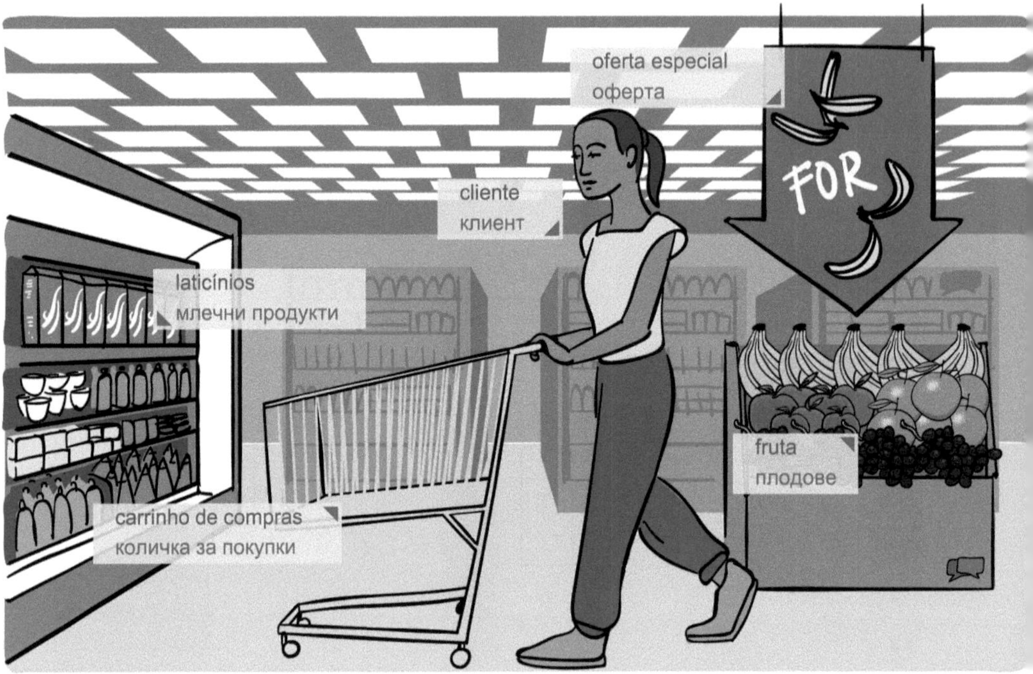

oferta especial
оферта
FOR
cliente
клиент
laticínios
млечни продукти
fruta
плодове
carrinho de compras
количка за покупки

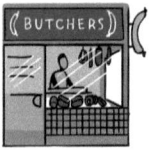

BUTCHERS

talho

кланица

BAKERY

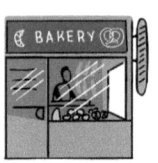

padaria

хлебарница

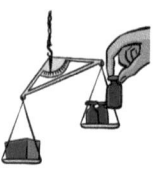

pesar

тегля

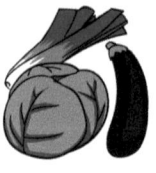

vegetais

зеленчуци

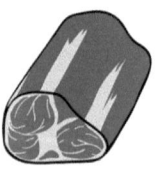

carne

месо

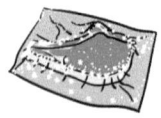

alimentos congelados

дълбоко замразена храна

charcutaria

нарязан колбас или сирене

comida enlatada

консерви

detergente em pó

перилен препарат

doces

лакомства

artigos domésticos

домакински изделия

produtos de limpeza

почистващи препарати

vendedora

продавачка

caixa

каса

caixa

касиер

lista de compras

списък на покупките

horário de funcionamento

работно време

carteira

портфейл

cartão de crédito

кредитна карта

saco

чанта

saco de plástico

пластмасова торба

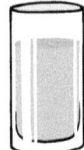

água

вода

sumo

сок

leite

мляко

coca-cola

кола

vinho

вино

cerveja

бира

álcool

алкохол

cacau

какао

chá

чай

café

кафе машина

café expresso

еспресо

capuccino

капучино

banana

банан

maçã

ябълка

laranja

портокал

melão

пъпеш

limão

лимон

cenoura

морков

alho

чесън

bambu

бамбук

cebola

лук

cogumelo

гъба

nozes

ядки

talharim

макарони

esparguete

спагети

arroz

ориз

salada

салата

batatas fritas

пържени картофи

batatas fritas

печени картофи

pizza

пица

hambúrguer

хамбургер

sanduíche

сандвич

bife panado

шницел

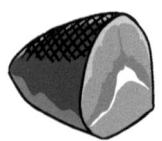

fiambre

шунка

salame

траен колбас

salsicha

салам

galinha

пиле

assado

печено

peixe

риба

flocos de aveia

овесени ядки

muesli

мюсли

flocos de milho

корнфлейкс

farinha

брашно

croissant

кроасан

carcaça (pãozinho)

хлебчета

pão

хляб

torrada

препечена филийка

biscoitos

бисквити

manteiga

масло

requeijão

извара

bolo

сладкиш

ovo

яйце

ovo estrelado

яйца на очи

queijo

сирене

comida - ядене

gelado

сладолед

açúcar

захар

mel

мед

compota

мармалад

creme de nougat

нуга крем

caril

къри

quinta

селски двор

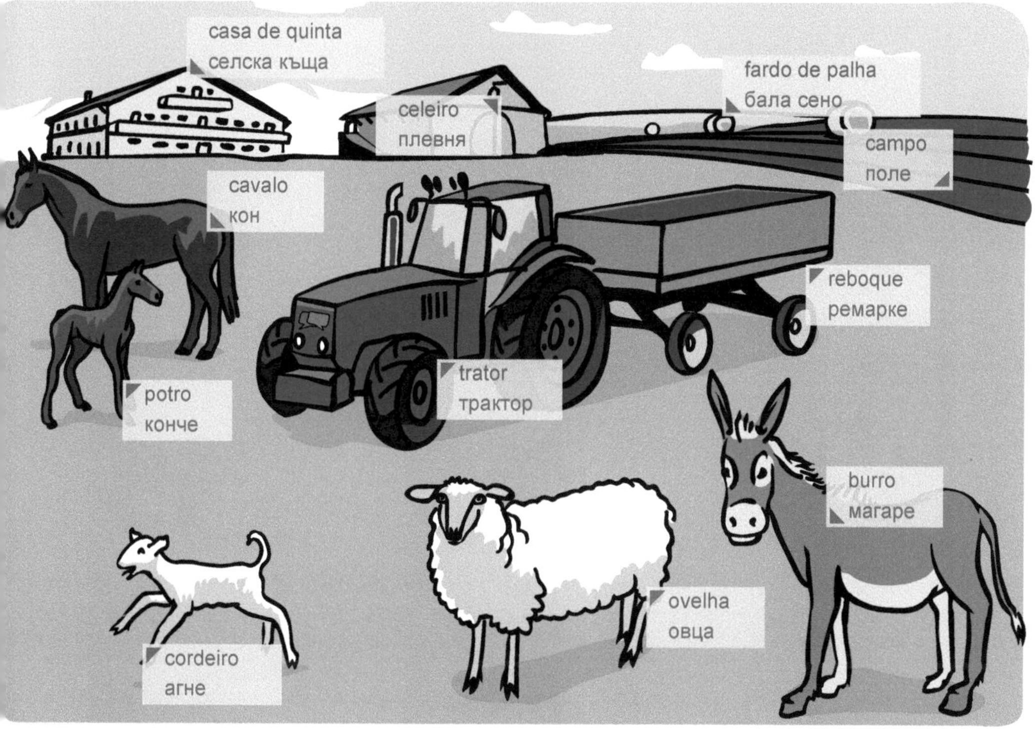

casa de quinta
селска къща
celeiro
плевня
fardo de palha
бала сено
campo
поле
cavalo
кон
reboque
ремарке
trator
трактор
potro
конче
burro
магаре
ovelha
овца
cordeiro
агне

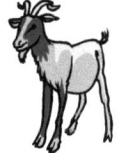

cabra
коза

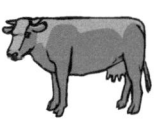

vaca
крава

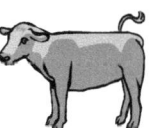

bezerro
теле

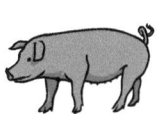

porco
свиня

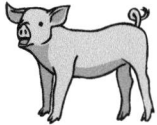

leitão
прасенце

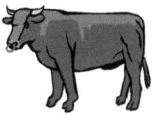

touro
бик

ganso

гъска

pato

патица

pintaínho

пиленце

galinha

кокошка

galo

петел

ratazana

плъх

gato

котка

rato

мишка

boi

вол

cão

куче

casota

кучешка колиба

mangueira de jardim

градински маркуч

regador

лейка

foice

коса

arado

плуг

foice

сърп

enxada

мотика

forquilha

вила за тор

machado

брадва

carrinho de mão

ръчна количка

manjedoura

корито

jarro de leite

съд за мляко

saco

чувал

cerca

ограда

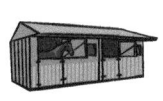

estábulo

обор

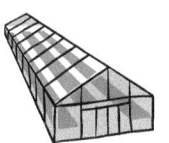

estufa

парник

solo

земя

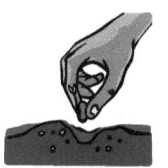

semente

сеитба

fertilizante

тор

ceifeira-debulhadora

комбайн

colher

жъна

colheita

реколта

inhame

ямс

trigo

жито

soja

соя

batata

картоф

milho

царевица

colza

рапица

árvore de fruto

овощно дърво

mandioca

маниока

cereais

зърнени храни

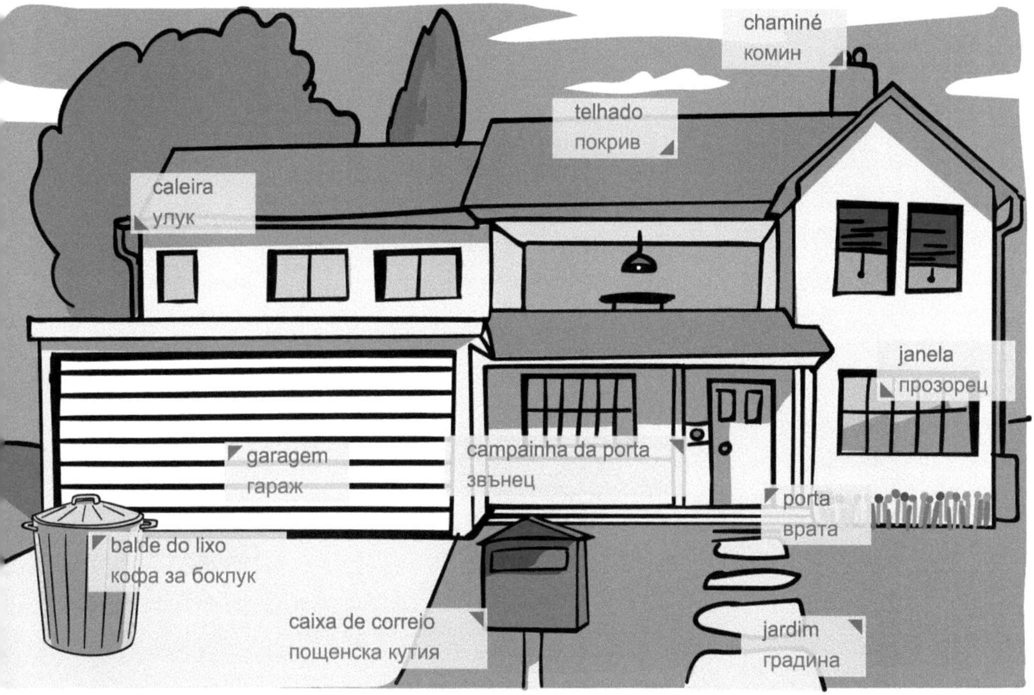

chaminé
комин

telhado
покрив

caleira
улук

janela
прозорец

garagem
гараж

campainha da porta
звънец

porta
врата

balde do lixo
кофа за боклук

caixa de correio
пощенска кутия

jardim
градина

sala de estar

всекидневна

casa de banho

баня

cozinha

кухня

quarto de dormir

спалня

quarto de criança

детска стая

sala de jantar

трапезария

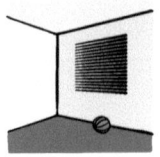

chão

под

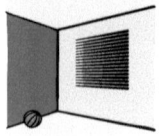

parede

стена

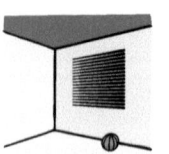

teto

таван

cave

изба

sauna

сауна

varanda

балкон

terraço

тераса

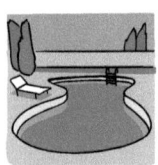

piscina

плувен басейн

máquina de cortar relvado

косачка

lençol

спално бельо

cobertor

покривка за легло

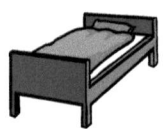

cama

легло

vassoura

метла

balde

кофа

interruptor

електрически ключ

sala de estar
всекидневна

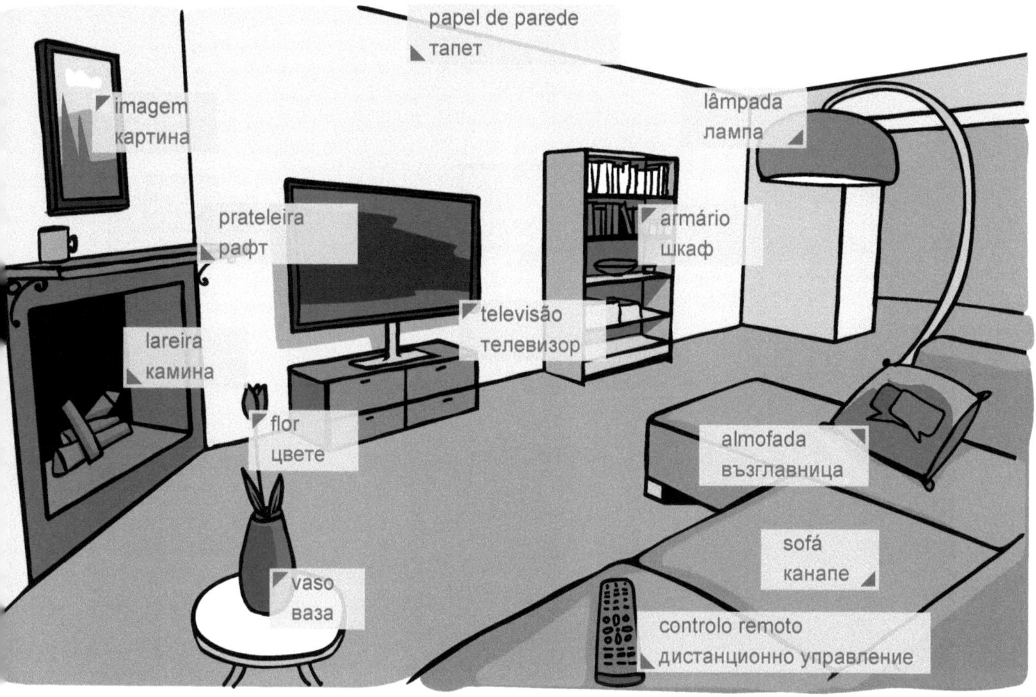

papel de parede
тапет
imagem
картина
lâmpada
лампа
prateleira
рафт
armário
шкаф
televisão
телевизор
lareira
камина
flor
цвете
almofada
възглавница
sofá
канапе
vaso
ваза
controlo remoto
дистанционно управление

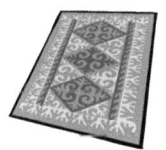

tapete

килим

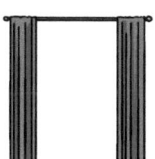

cortina

завеса

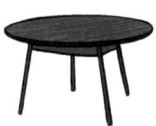

mesa

маса

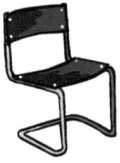

cadeira

стол

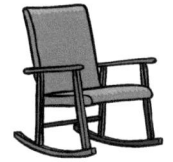

cadeira de baloiço

люлеещ се стол

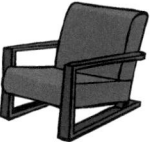

poltrona

кресло

livro

книга

cobertor

одеяло

decoração

декорация

lenha

дърва за отопление

filme

филм

sistema estéreo

стерео уредба

chave

ключ

jornal

вестник

pintura

живопис

póster

постер

rádio

радио

bloco de notas

бележник

aspirador

прахосмукачка

cato

кактус

vela

свещ

cozinha
кухня

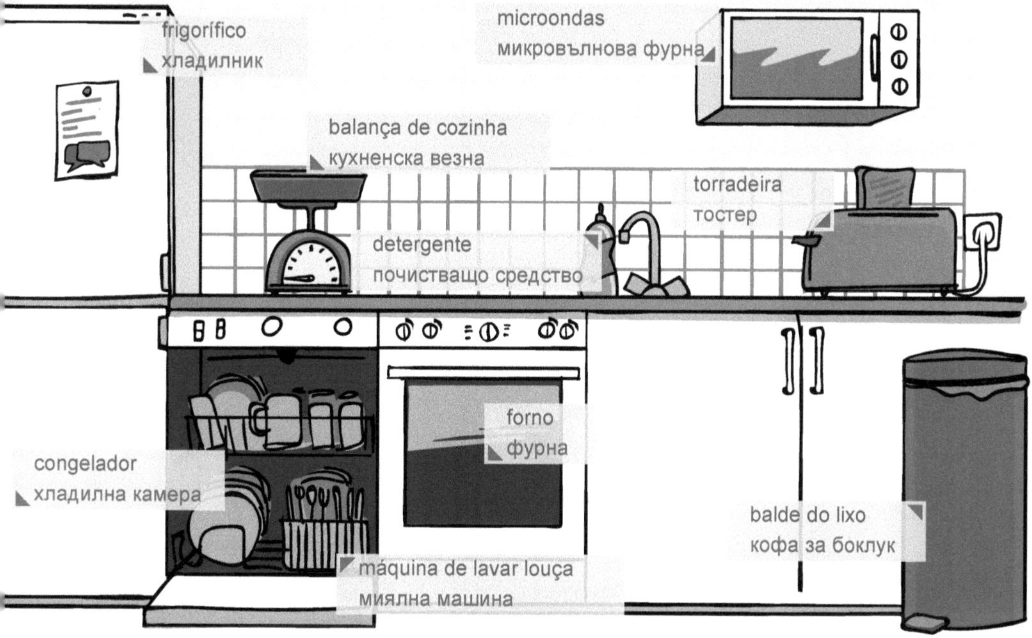

frigorífico
хладилник
microondas
микровълнова фурна
balança de cozinha
кухненска везна
torradeira
тостер
detergente
почистващо средство
forno
фурна
congelador
хладилна камера
balde do lixo
кофа за боклук
máquina de lavar louça
миялна машина

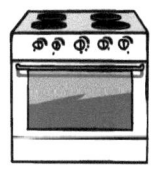

fogão

готварска печка

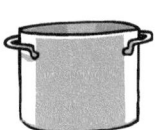

panela

тенджера

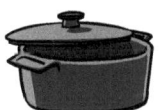

panela de ferro

желязна тенджера

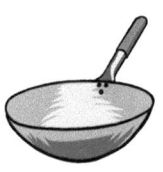

wok / kadai

уок / кадаи

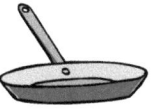

frigideira

тиган

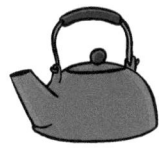

chaleira

кана за затопляне на вода

panela a vapor

уред за готвене на пара

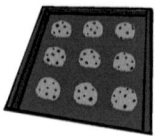

tabuleiro de forno

тава за печене

louça

съдове

caneca

чаша

tigela

купа

pauzinhos

клечки за хранене

concha de sopa

черпак

espátula

лопатка за тиган

batedor de claras

тел за разбиване (на яйца, белтъци)

escorredor

кошница за варене

peneira

гевгир

ralador

ренде

almofariz

хаван

churrasqueira

барбекю

lareira

огнище

tábua de cortar

дъска

rolo da massa

точилка

saca-rolhas

тирбушон

lata

кутия

abridor de latas

отварачка за консерви

luvas de forno

кухненска ръкохватка

lava-loiça

мивка

escova

четка

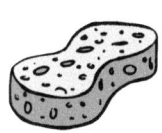

esponja

гъба

liquidificador

миксер

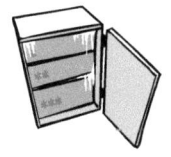

arca frigorifica

фризер

biberão

бебешко шише

torneira

воден кран

casa de banho

баня

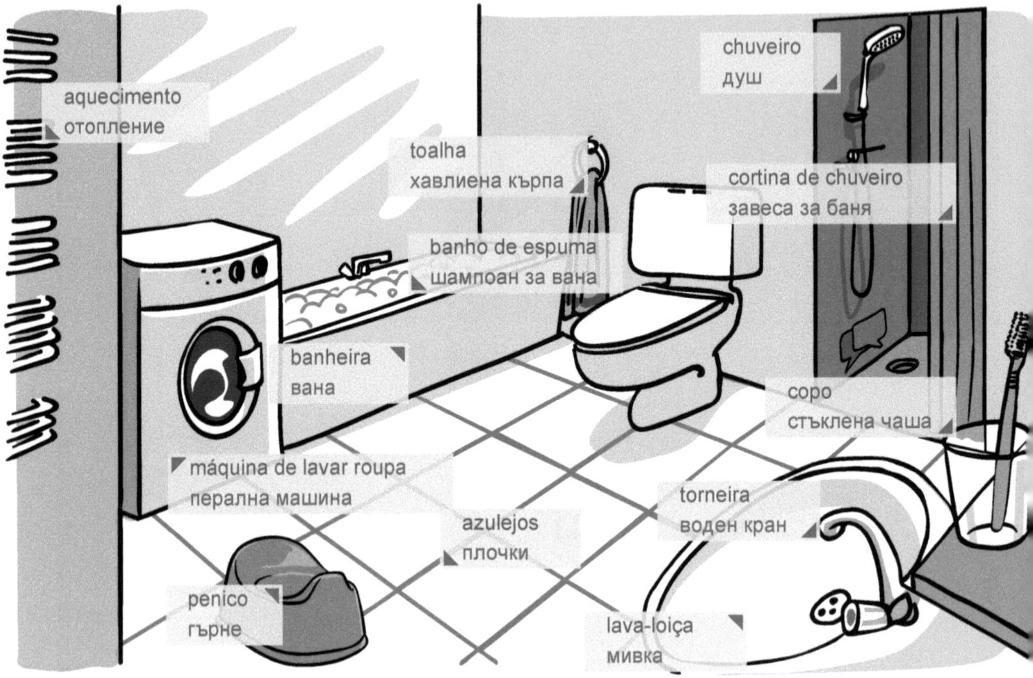

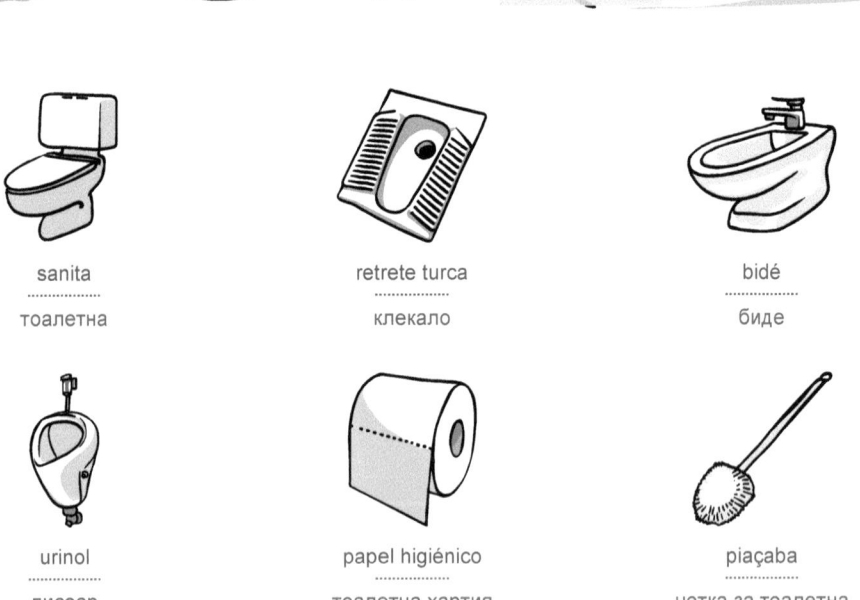

aquecimento
отопление
toalha
хавлиена кърпа
chuveiro
душ
cortina de chuveiro
завеса за баня
banho de espuma
шампоан за вана
banheira
вана
copo
стъклена чаша
máquina de lavar roupa
перална машина
torneira
воден кран
azulejos
плочки
penico
гърне
lava-loiça
мивка

sanita
....
тоалетна

retrete turca
....
клекало

bidé
....
биде

urinol
....
писоар

papel higiénico
....
тоалетна хартия

piaçaba
....
четка за тоалетна

escova de dentes

четка за зъби

pasta de dentes

паста за зъби

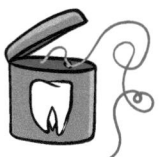

fio dentário

конец за зъби

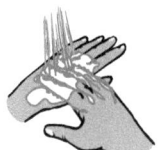

lavar

мия

chuveiro de mão

ръчен душ

duche íntimo

интимен душ

bacia

леген

escova para as costas

четка за гръб

sabonete

сапун

gel de banho

душ гел

champô

шампоан за вана

toalha de rosto

гъба за баня

escoamento

сифон

creme

крем

desodorizante

дезодорант

espelho

огледало

espelho de mão

козметично огледало

máquina de barbear

ръчна самобръсначка

creme de barbear

пяна за бръснене

loção pós-barba

одеколон за след
бръснене

pente

гребен

escova

четка

secador de cabelo

сешоар

spray de cabelo

спрей за коса

maquilhagem

грим

batom

червило

verniz de unhas

лак за нокти

algodão

памук

tesoura para unhas

ножица за нокти

perfume

парфюм

nécessaire

тоалетна чантичка

tamborete

табуретка

balança

везна

roupão de banho

хавлия

luvas de borracha

домакински ръкавици

tampão

тампон

penso higiénico

дамски превръзки

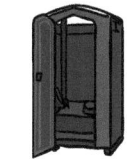

WC químico

химическа тоалетна

quarto de criança

детска стая

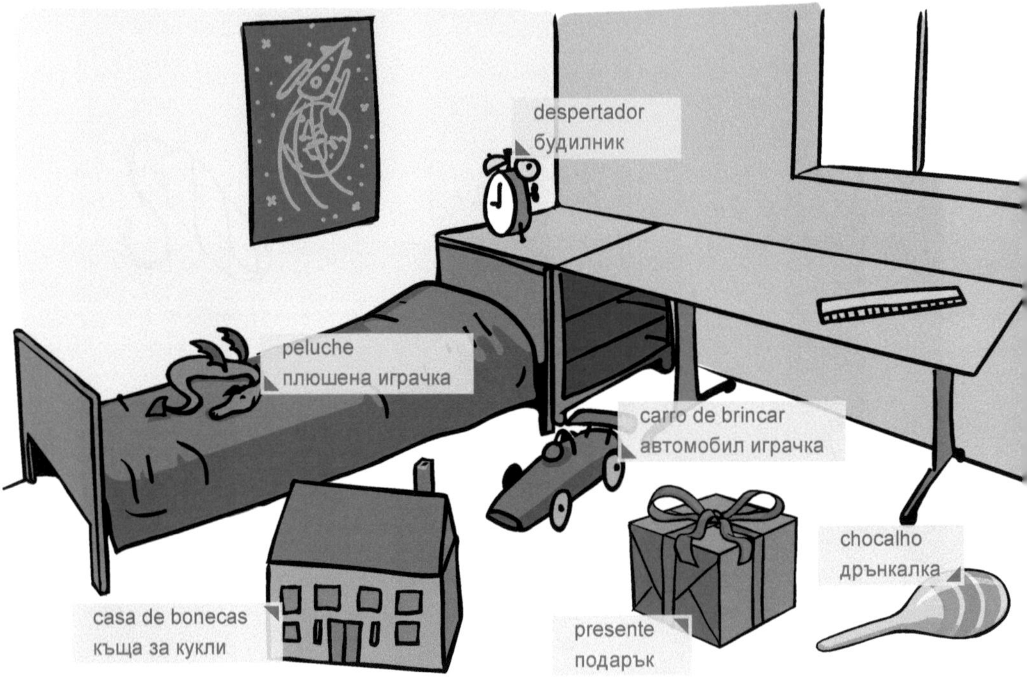
despertador
будилник
peluche
плюшена играчка
carro de brincar
автомобил играчка
chocalho
дрънкалка
casa de bonecas
къща за кукли
presente
подарък

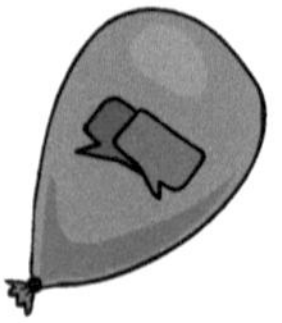

balão

балон

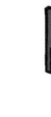

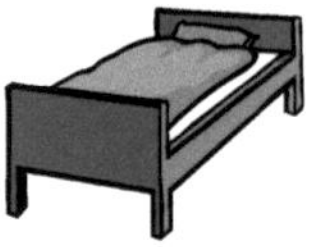

cama

легло

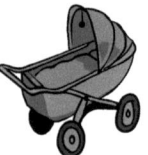

carrinho de bebé

детска количка

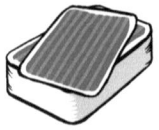

jogo de cartas

игра на карти

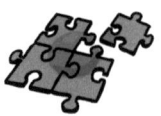

quebra-cabeças

пъзел

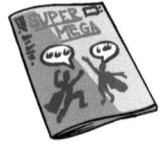

banda desenhada

комикс

peças de Lego

лего елементи

blocos de construção

строителни елементи

figura de ação

екшън фигурка

fato de bebé

бебешки гащеризон

Frisbee

фрисби

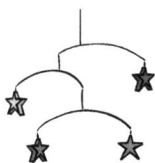

móbile para bebé

бебешки играчки за легло

jogo de tabuleiro

настолна игра

dados

зарче

pista de comboio elétrico

миниатюрно влакче

chupeta

биберон

festa

парти

livro ilustrado

детска книга с илюстрации

bola

топка

boneca

кукла

jogar

играя

caixa de areia

пясъчник

baloiço

люлка

brinquedos

играчка

consola de jogos

игрова конзола

triciclo

велосипед с три колелета

ursinho de peluche

плюшено мече

guarda-roupa

гардероб

vestuário

облекло

meias

къси чорапи

meias pelo joelho

дълги чорапи

meias-calças

чорапогащник

cachecol
шал

guarda-chuva
чадър

cinto
колан

t-shirt
Т-шърт

botas
ботуши

chinelos
пантофи

sapatilhas
гуменки

sandálias
сандали

sapatos
обувки

botas de borracha
гумени ботуши

cuecas
слип

sutiã
сутиен

camisola interior
долна блуза

vestuário - облекло

45

body

боди

calças

панталон

calças de ganga

дънки

saia

пола

blusa

блуза

camisa

риза

pulôver

пуловер

camisola com capuz

суичър

blazer

блейзър

casaco

яке

manto

палто

gabardina

дъждобран

traje

костюм

vestido

рокля

vestido de casamento

булчинска рокля

fato

костюм

camisa de dormir

нощница

pijama

пижама

sari

сари

lenço de cabeça

кърпа за глава

turbante

тюрбан

burca

бурка

cafetã

кафтан

abaya

абая

fato de banho

бански костюм

calções de banho

плувни шорти

calções

къс панталон

fato de treino

анцуг

avental

престилка

luvas

ръкавици

botão

копче

óculos

очила

pulseira

гривна

colar

верижка

anel

пръстен

brinco

обеца

boné

каскет

cabide

закачалка

chapéu

шапка

gravata

вратовръзка

fecho de correr

цип

capacete

каска

suspensórios

тиранти

uniforme escolar

ученическа униформа

uniforme

униформа

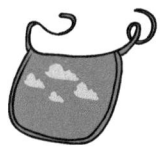

babete

лигавник

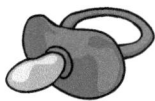

chupeta

биберон

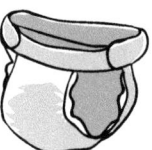

fralda

пелена

escritório

офис

servidor
сървър
armário de arquivo
шкаф за документи
impressora
принтер
papel
хартия
ecrã
монитор
rato
мишка
secretária
бюро
pasta
папка
teclado
клавиатура
cesto de lixo
кошче за хартиени отпадъци
computador
компютър
cadeira
стол

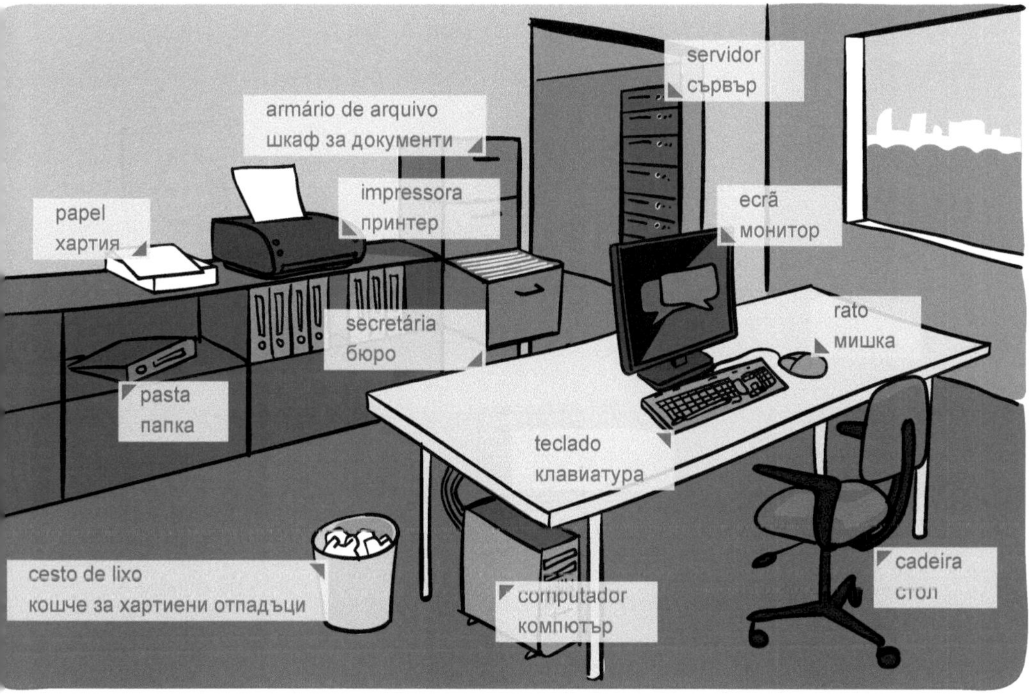

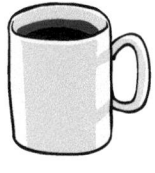

caneca de café

чаша за кафе

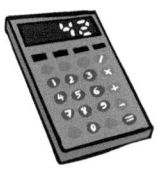

calculadora

джобен калкулатор

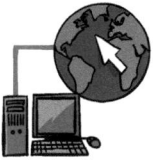

internet

интернет

computador portátil

лаптоп

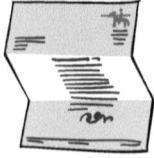

carta

писмо

mensagem

съобщение

telemóvel

мобилен телефон

rede

мрежа

fotocopiadora

ксерокс

software

софтуер

telefone

телефон

tomada elétrica

контакт

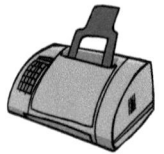

fax

факс

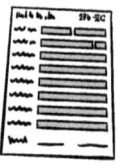

formulário

формуляр

documento

документ

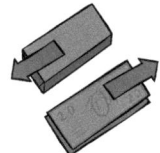

comprar
....
купувам

pagar
....
плащам

negociar
....
търгувам

dinheiro
....
пари

dólar
....
долар

euro
....
евро

yen
....
йена

rublo
....
рубла

franco suíço
....
швейцарски франк

renminbi yuan
....
ренминби юан

rupia
....
рупия

caixa de multibanco
....
банкомат

casa de câmbio

обменно бюро

ouro

злато

prata

сребро

petróleo

нефт

energia

енергия

preço

цена

contrato

договор

imposto

данък

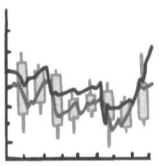

ação

акция

trabalhar

работя

empregado

служител

entidade patronal

работодател

fábrica

фабрика

loja

магазин за цветя

profissões
професии

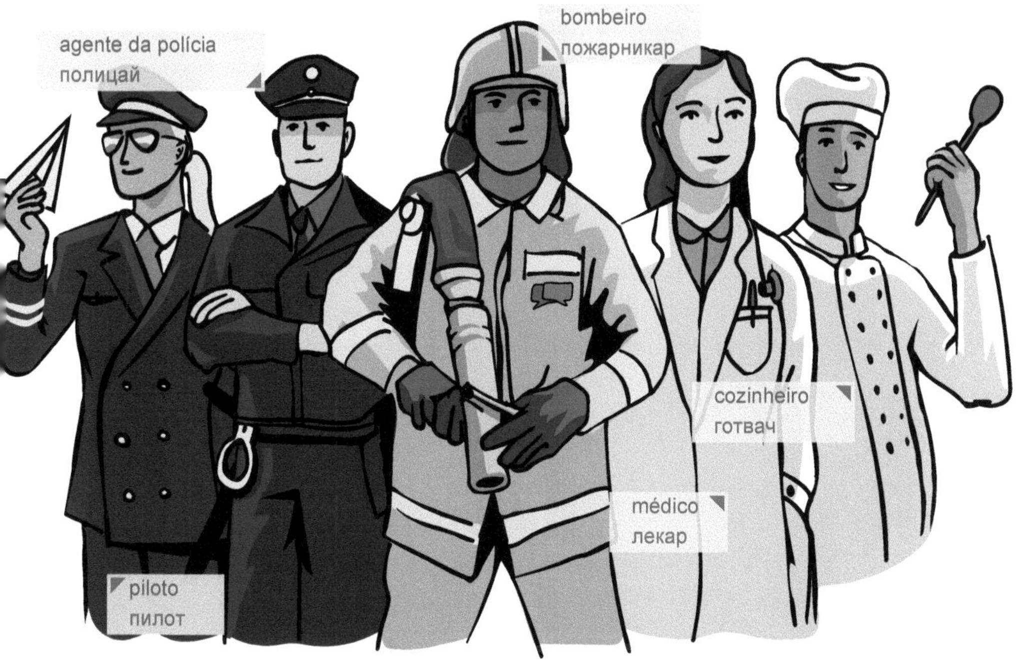
agente da polícia
полицай
bombeiro
пожарникар
cozinheiro
готвач
médico
лекар
piloto
пилот

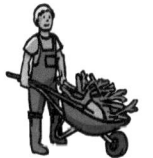

jardineiro
градинар

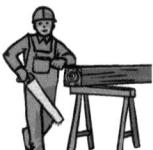

carpinteiro
мебелист

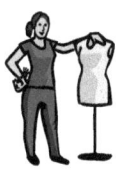

costureira
шивачка

juiz
съдия

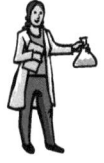

químico
химик

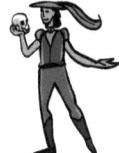

ator
артист

motorista de autocarro

шофьор на автобус

motorista de táxi

шофьор на такси

pescador

рибар

empregada de limpeza

чистачка

telhador

майстор на покриви

empregado de mesa

келнер

caçador

ловец

pintor

художник

padeiro

хлебар

eletricista

електротехник

construtor

строителен работник

engenheiro

инженер

talhante

касапин

canalizador

тенекеджия

carteiro

пощальон

soldado

войник

arquiteto

архитект

caixa

касиер

florista

цветар

cabeleireiro

фризьор

controlador de bilhetes

кондуктор

mecânico

механик

capitão

капитан

dentista

зъболекар

cientista

научен работник

rabıno

равин

imã

имàм

monge

монах

pastor

свещеник

ferramentas

инструменти

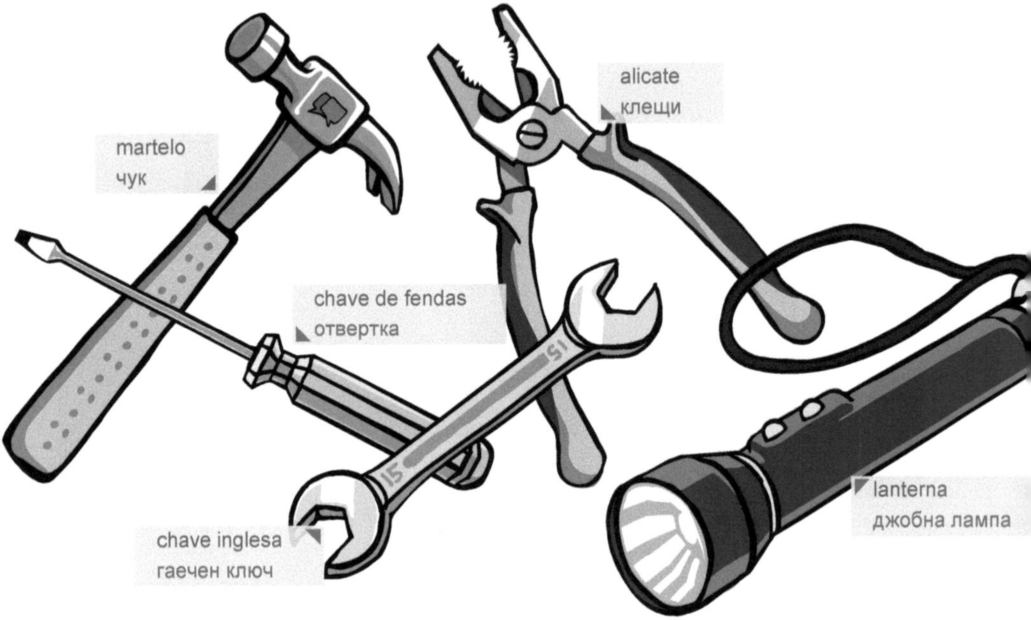

martelo
чук

alicate
клещи

chave de fendas
отвертка

chave inglesa
гаечен ключ

lanterna
джобна лампа

escavadora
....
багер

caixa de ferramentas
....
кутия за инструменти

escadote
....
стълба

serra
....
трион

pregos
....
пирони

broca
....
бормашина

reparar
....
ремонтирам

pá
....
лопата

porcaria!
....
По дяволите!

pá de lixo
....
лопатка за смет

pote de tinta
....
кутия за боя

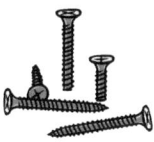

parafusos
....
болтове

instrumentos musicais
музикални инструменти

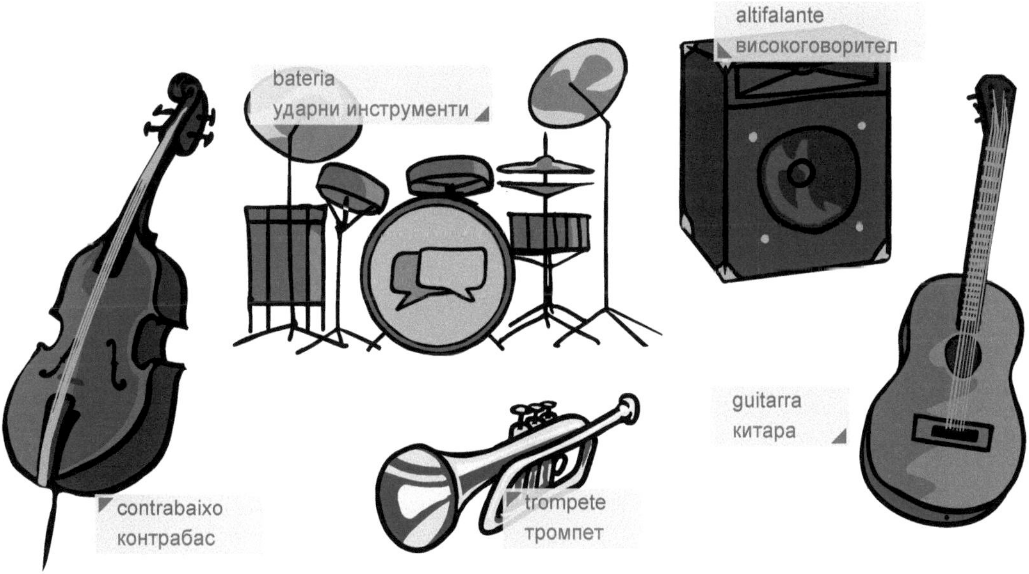

altifalante
високоговорител

bateria
ударни инструменти

contrabaixo
контрабас

trompete
тромпет

guitarra
китара

piano

пиано

violino

виолина

baixo

контрабас

timbales

тимпан

tambor

барабан

teclado

електрическо пиано

saxofone

саксофон

flauta

флейта

microfone

микрофон

jardim zoológico

зоологическа градина

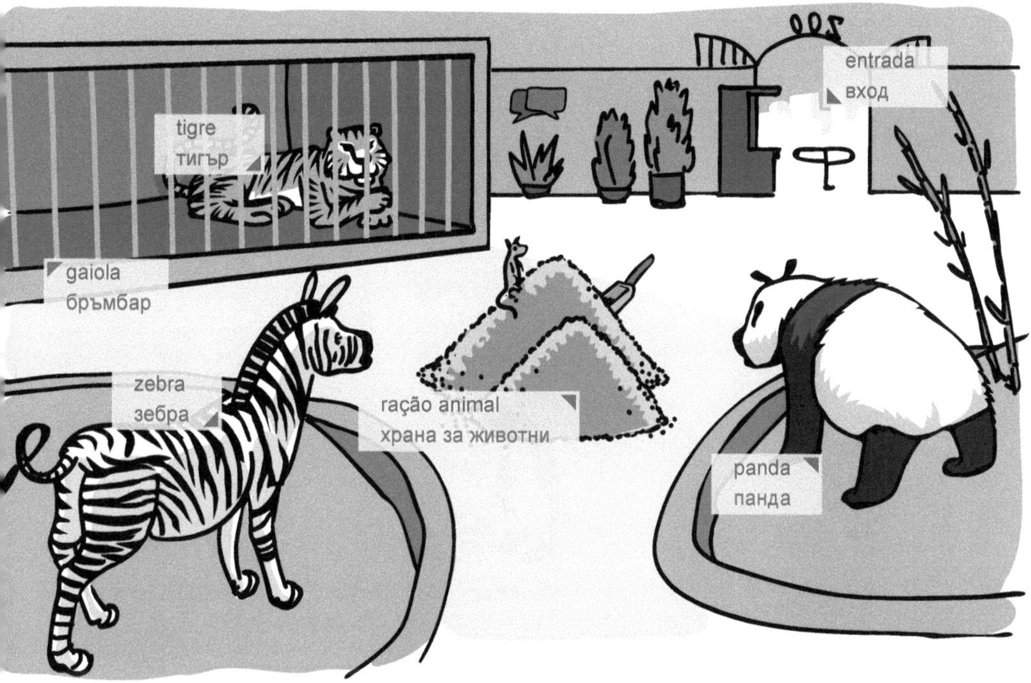

tigre
тигър
entrada
вход
gaiola
бръмбар
zebra
зебра
ração animal
храна за животни
panda
панда

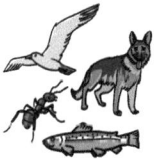

animais

животни

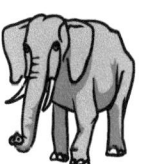

elefante

слон

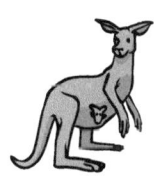

canguru

кенгуру

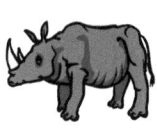

rinoceronte

носорог

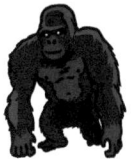

gorila

горила

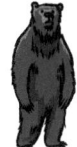

urso

мечка

camelo

камила

avestruz

щраус

leão

лъв

macaco

маймуна

flamingo

фламинго

papagaio

папагал

urso polar

бяла мечка

pinguim

пингвин

tubarão

акула

pavão

паун

cobra

змия

crocodilo

крокодил

guarda do jardim zoológico

пазач в зоологическа
градина

foca

тюлен

jaguar

ягуар

pónei

пони

leopardo

леопард

hipopótamo

хипопотам

girafa

жираф

águia

орел

javali

диво прасе

peixe

риба

tartaruga

костенурка

morsa

морж

raposa

лисица

gazela

газела

futebol americano
американски футбол

ciclismo
колоездене

ténis
тенис

basquetebol
баскетбол

natação
плуване

boxe
бокс

hóquei no gelo
хокей на лед

futebol
футбол

badminton
бадминтон

atletismo
лека атлетика

andebol
хандбал

esqui
ски бягане

polo
поло

saltar
скачам

rir
смея се

abraçar
прегръщам

andar
вървя

cantar
пея

sonhar
сънувам

rezar
моля се

beijar
целувам

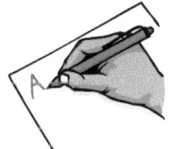

escrever

пиша

desenhar

рисувам

mostrar

показвам

empurrar

бутам

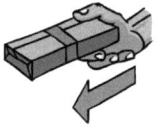

dar

давам

tomar

взимам

ter

имам

fazer

правя

ser

съм

ficar de pé

стоя

correr

тичам

puxar

дърпам

remessar

хвърлям

cair

падам

deitar

лежа

esperar

чакам

carregar

нося

sentar

седя

vestir

обличам

dormir

спя

acordar

събуждам се

olhar para

разглеждам

chorar

плача

acariciar

милвам

pentear

реша се

falar

говоря

compreender

разбирам

perguntar

питам

ouvir

слушам

beber

пия

comer

ям

arrumar

разтребвам

amar

обичам

cozinhar

готвя

conduzir

карам автомобил

voar

летя

velejar

плавам (с платна)

calcular

смятане

ler

чета

aprender

уча

trabalhar

работя

casar

женя се

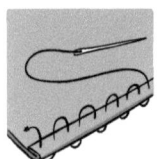

costurar

шия

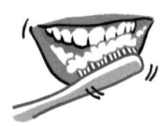

escovar os dentes

измивам си зъбите

matar

убивам

fumar

пуша

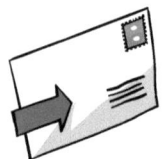

enviar

изпращам

avó
баба

avô
дядо

pai
баща

mãe
майка

bebé
бебе

filha
дъщеря

filho
син

convidado

посетител

tia

леля

tio

чичо

irmão

брат

irmã

сестра

corpo

тяло

testa
чело
olho
око
ombro
рамо
dedo
пръст
cara
лице
queixo
брадичка
mão
ръка
perna
крак
peito
гърди
braço
ръка

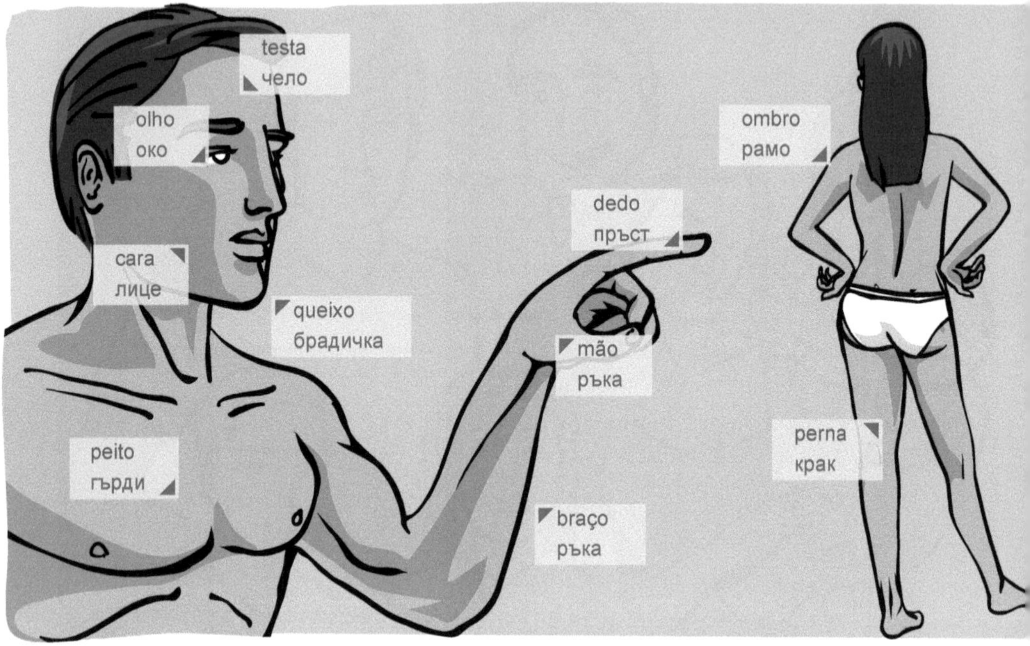

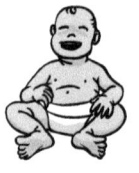

bebé

бебе

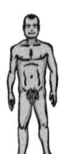

homem

мъж

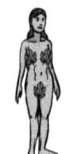

mulher

жена

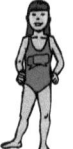

menina

момиче

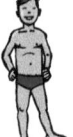

menino

момче

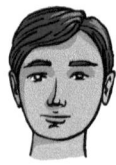

cabeça

глава

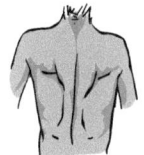

costas

гръб

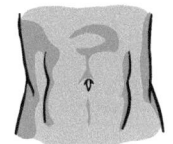

barriga

корем

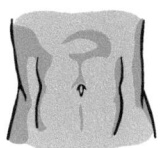

umbigo

пъп

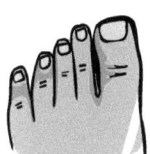

dedo do pé

пръст на крака

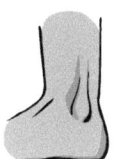

calcanhar

пета

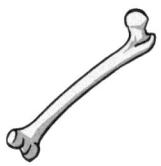

osso

кост

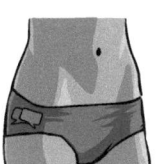

anca

хълбок

joelho

коляно

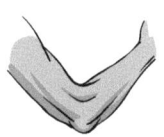

cotovelo

лакът

nariz

нос

nádegas

седалище

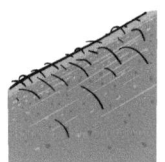

pele

кожа

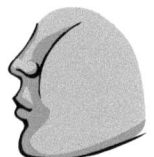

bochecha

буза

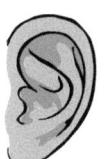

orelha

ухо

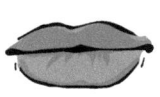

lábio

устна

boca

уста

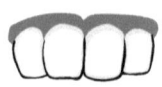

dente

зъб

língua

език

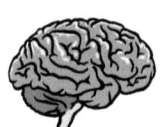

cérebro

мозък

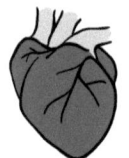

coração

сърце

músculo

мускул

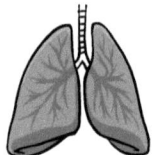

pulmão

бял дроб

fígado

черен дроб

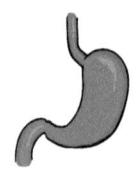

estômago

стомах

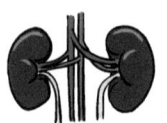

rins

бъбреци

relações sexuais

полово сношение

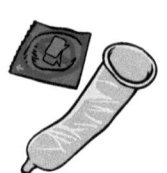

preservativo

кондом

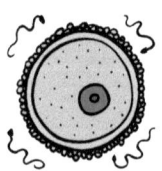

óvulo

яйцеклетка

esperma

сперма

gravidez

бременност

corpo - тяло

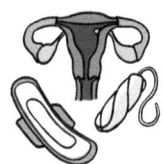

menstruação

менструация

vagina

вагина

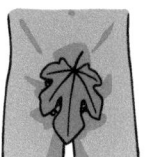

pénis

пенис

sobrancelha

вежда

cabelo

коса

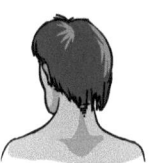

pescoço

шия

hospital
болница

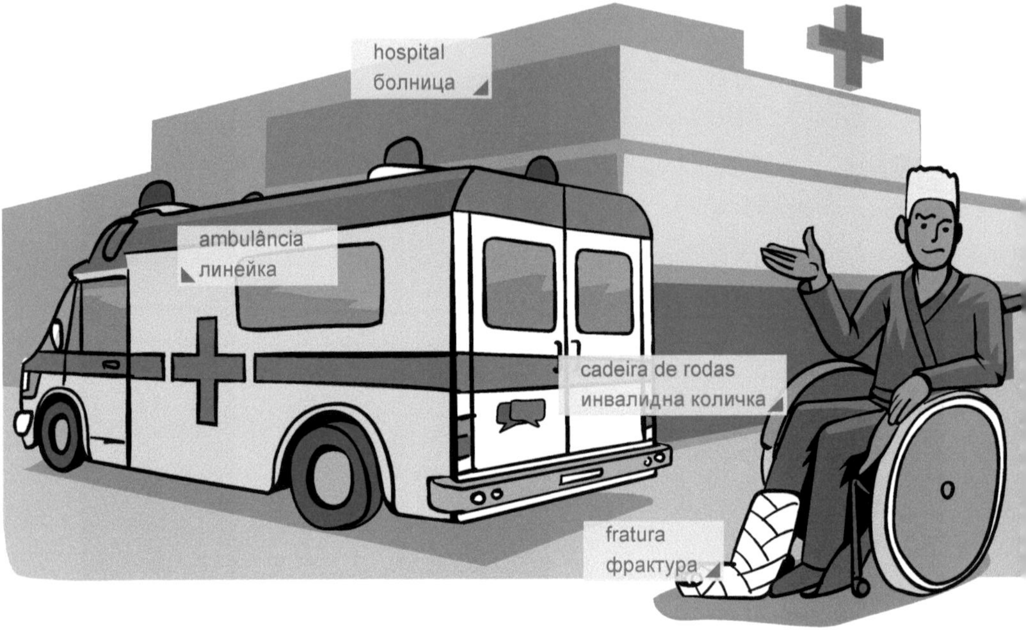

hospital
болница
ambulância
линейка
cadeira de rodas
инвалидна количка
fratura
фрактура

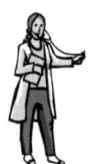

médico

лекар

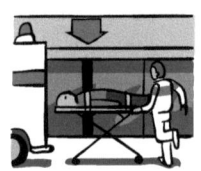

serviço de urgências

спешна хоспитализация

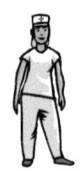

enfermeira

медицинска сестра

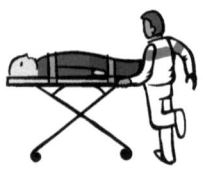

emergência

спешен случай

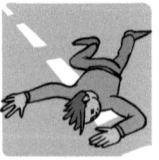

inconsciente

в безсъзнание

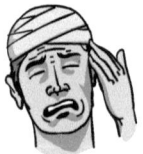

dor

болка

ferimento

нараняване

hemorragia

кървене

ataque cardíaco

инфаркт

acidente vascular cerebral

инсулт

alergia

алергия

tosse

кашлица

febre

температура

gripe

грип

diarreia

диария

dor de cabeça

главоболие

cancro

рак

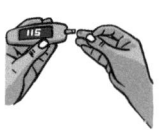

diabetes

диабет

cirurgião

хирург

bisturi

скалпел

operação

операция

CT
компютърна томография

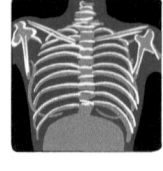

raio x
рентген

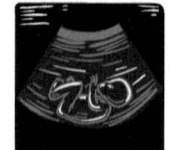

ultrassom
ултразвук

máscara
маска

doença
болест

sala de espera
чакалня

muleta
патерица

penso rápido
пластир

ligadura
превръзка

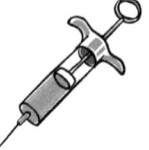

injeção
инжекция

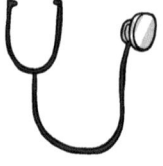

estetoscópio
стетоскоп

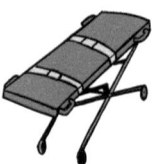

maca
носилка

termómetro
термометър

nascimento
раждане

excesso de peso
наднормено тегло

aparelho auditivo

слухов апарат

desinfetante

дезинфекционно средство

infeção

инфекция

vírus

вирус

HIV / SIDA

HIV / AIDS

medicamento

медицина

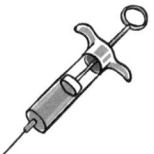

vacinação

ваксинация

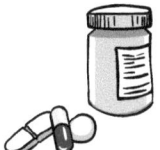

comprimidos

таблети

pílula

противозачатъчна таблетка

chamada de emergência

спешно телефонно обаждане

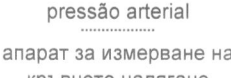

dispositivo de medição de pressão arterial

апарат за измерване на кръвното налягане

doente / saudável

болен / здрав

Socorro!

Помощ!

alarme

сигнал за тревога

assalto

нападение

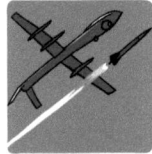

ataque

атака

perigo

опасност

saída de emergência

авариен изход

Fogo!

Пожар!

extintor de incêndios

пожарогасител

acidente

злополука

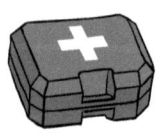

estojo de primeiros socorros

комплект за оказване на
първа помощ

SOS

SOS

polícia

полиция

Europa

Европа

América do Norte

Северна Америка

América do Sul

Южна Америка

África

Африка

Ásia

Азия

Austrália

Австралия

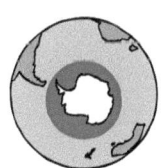

Atlântico

Атлантически океан

Pacífico

Тихи океан

Oceano Índico

Индийски океан

Oceano Antártico

Южен ледовит океан

Oceano Ártico

Северен ледовит океан

Polo Norte

Северен полюс

Polo Sul

Южен полюс

Antártica

Антарктида

terra

Земя

país

суша

mar

море

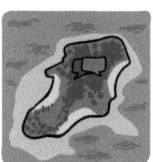

ilha

остров

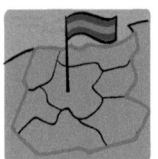

nação

нация

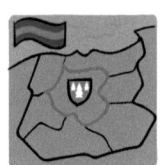

estado

държава

mostrador do relógio

циферблат

ponteiro das horas

стрелка на часовете

ponteiro dos minutos

стрелка на минутите

ponteiro dos segundos

стрелка на секундите

Que horas são?

Колко е часът?

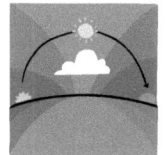

dia

ден

tempo

време

agora

сега

relógio digital

дигитален часовник

minuto

минута

hora

час

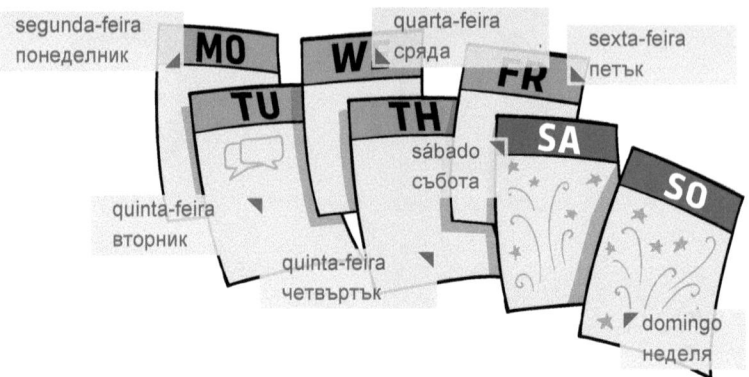

segunda-feira
понеделник

quarta-feira
сряда

sexta-feira
петък

sábado
събота

quinta-feira
вторник

quinta-feira
четвъртък

domingo
неделя

ontem

вчера

hoje

днес

amanhã

утре

manhã

сутрин

meio-dia

обед

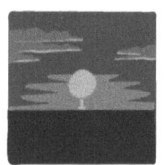

entardecer

вечер

MO	TU	WE	TH	FR	SA	SU
1	2	3	4	5	6	7
8	9	10	11	12	13	14
15	16	17	18	19	20	21
22	23	24	25	26	27	28
29	30	31	1	2	3	4

dias úteis

работни дни

MO	TU	WE	TH	FR	SA	SU
1	2	3	4	5	6	7
8	9	10	11	12	13	14
15	16	17	18	19	20	21
22	23	24	25	26	27	28
29	30	31	1	2	3	4

fim de semana

уикенд

ano

година

chuva
дъжд
arco-íris
дъга
neve
сняг
vento
вятър
primavera
пролет
outono
есен
verão
лято
inverno
зима

4.APRIL 11°
5.APRIL 4°
6.APRIL 13°
7.APRIL 8°
8.APRIL 10°

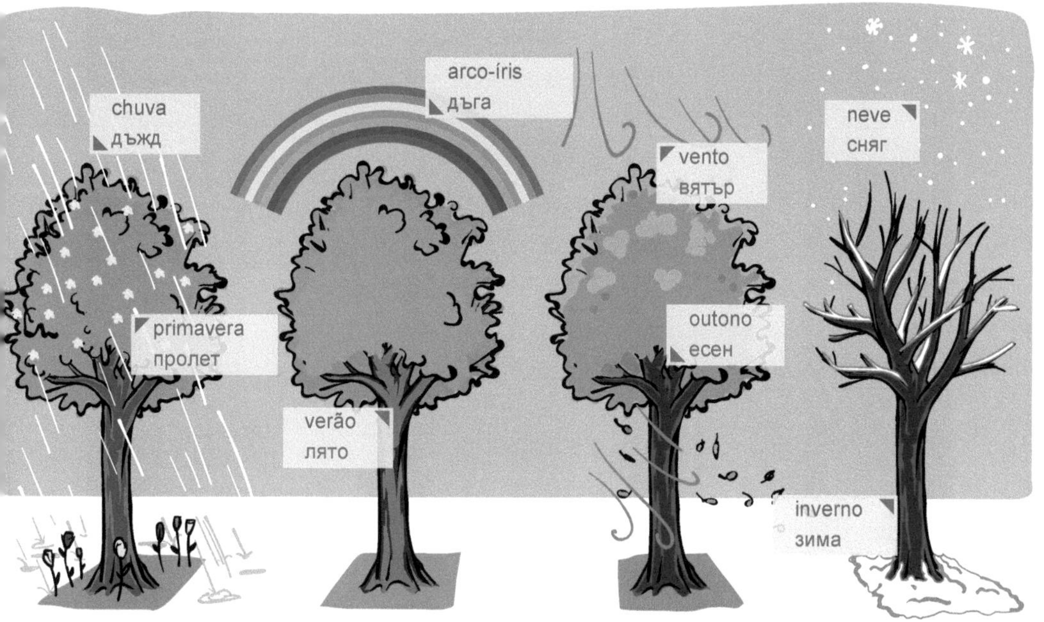

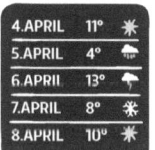

previsão do tempo

прогноза за времето

F C
120 40
90 30
60 20
30 10
0 0
-30 -10
-20

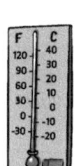

termómetro

термометър

raios de sol

слънчева светлина

nuvem

облак

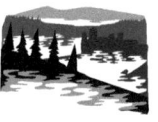

neblina / nevoeiro

мъгла

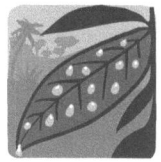

humidade do ar

влажност на въздуха

relâmpago

светкавица

trovão

гръмотевица

tempestade

буря

granizo

градушка

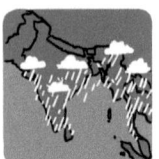

monção

мусон

inundação

наводнение

gelo

лед

janeiro

януари

fevereiro

февруари

março

март

abril

април

maio

май

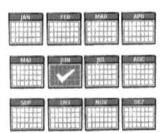

junho

юни

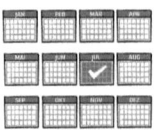

julho

юли

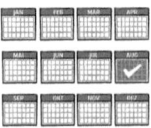

agosto

август

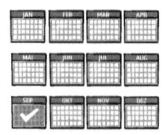

setembro
....
септември

outubro
....
октомври

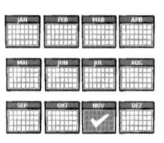

novembro
....
ноември

dezembro
....
декември

formas
форми

círculo
....
кръг

quadrado
....
квадрат

retângulo
....
четириъгълник

triângulo
....
триъгълник

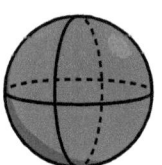

esfera
....
сфера

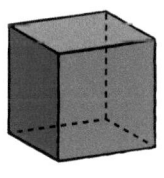

cubo
....
куб

branco

бял

amarelo

жълт

laranja

оранжев

rosa

розов

vermelho

червен

lilás

лилав

azul

син

verde

зелен

castanho

кафяв

cinzento

сив

preto

черен

muito / pouco

много / малко

furioso / calmo

ядосан / спокоен

lindo / feio

красив / грозен

princípio / fim

начало / край

grande / pequeno

голям / малък

claro / escuro

светъл / тъмен

irmão / irmã

брат / сестра

limpo / sujo

чист / мръсен

completo / incompleto

пълен / непълен

dia / noite

ден / нощ

morto / vivo

мъртъв / жив

largo / estreito

широк / тесен

comestível / não comestível

ядлив / неядлив

mau / gentil

сърдит / любезен

entusiasmado / entediado

развълнуван / скучаещ

gordo / magro

дебел / тънък

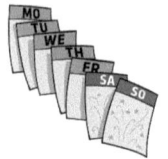

primeiro / último

най-напред / най-накрая

amigo / inimigo

приятел / враг

cheio / vazio

пълен / празен

duro / macio

твърд / мек

pesado / leve

тежък / лек

fome / sede

глад / жажда

doente / saudável

болен / здрав

ilegal / legal

нелегален / легален

inteligente / burro

интелигентен / глупав

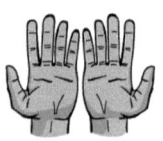

esquerda / direita

ляво / дясно

perto / longe

близо / далече

novo / usado

нов / употребяван

nada / algo

нищо / нещо

velho / jovem

стар / млад

ligado / desligado

вкл. / изкл.

aberto / fechado

отворен / затворен

baixo / alto

тих / силен (звук)

rico / pobre

богат / беден

certo / errado

правилен / погрешен

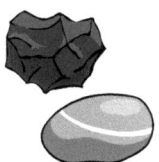

áspero / liso

грапав / гладък

triste / feliz

тъжен / щастлив

curto / longo

дълъг / къс

lento / rápido

бавен / бърз

molhado / seco

мокър / сух

ameno / fresco

топъл / студен

guerra / paz

война / мир

0

zero

нула

1

um

едно

2

dois

две

3

três

три

4

quatro

четири

5

cinco

пет

6

seis

шест

7

sete

седем

8

oito

осем

9

nove

девет

10

dez

десет

11

onze

единадесет

12

doze

дванадесет

13

treze

тринадесет

14

catorze

четиринадесет

15

quinze

петнадесет

16

dezasseis

шестнадесет

17

dezassete

седемнадесет

18

dezoito

осемнадесет

19

dezanove

деветнадесет

20

vinte

двадесет

100

cem

сто

1.000

mil

хиляда

1.000.000

milhão

милион

inglês

английски

inglês americano

американски английски

chinês mandarim

китайски мандарин

hindi

хинди

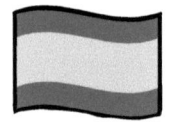

espanhol

испански

francês

френски

árabe

арабски

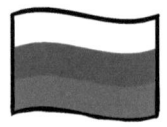

russo

руски

português

португалски

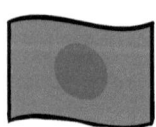

bengalês

бенгалски

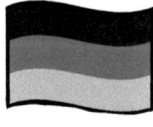

alemão

немски

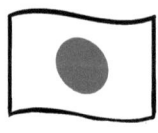

japonês

японски

eu

аз

tu

ти

ele / ela

той / тя / то

nós

ние

vós

вие

eles / elas

те

quem?

кой?

o quê?

какво?

como?

как?

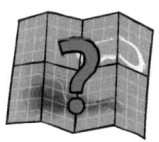

onde?

къде?

quando?

кога?

nome

име

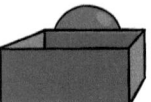

atrás

зад

em

в

à frente de

пред

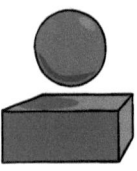

sobre

над

em cima

върху

debaixo

под

ao lado

до

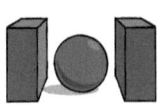

entre

между

lugar

място